CONTENTS

목차

갓스토리 구성

제자

• 학생용 공과

낮은 수준부터 6컷의 만화와 높은 수준까지의 질문과 활동이 담겨져 있는 공과책.

• 교사용 가이드

학생용 공과의 질문에 대한 답변과 시대적 배경 설명, 활동자료 사용법에 대해 설명. (한장연몰 다운로드)

• 색칠하기

각 과의 인물을 출력하며 색칠 할수 있도록 만든 컨텐츠. (한장연몰 다운로드)

용기

• 스토리북

13가지의 이야기를 담아낸 그림책으로 기초적인 질문을 통해 학습.

사랑

• 플래시애니메이션

13과의 만화를 실감나는 영상으로 감상.
(한장연몰 다운로드)

12과. 아담과 하와를 사랑하신 하나님
여호와 하나님께서 아담과 그 아내를 위해 가죽옷을 만들어 입히셨습니다.

• 설교 PPT

도입, 스토리, 퀴즈, 적용으로 구성되어 체계적으로 설교를 이끌어 냄.
(한장연몰 다운로드)

갓스토리 사용하기

영 • 유아
(3세~5세)

① 색칠하기

유치 • 유년
(5세~7세)

① 플래시애니메이션

② 설교PPT

③ 스토리북

초등
(7세~13세)

① 플래시애니메이션

② 설교PPT

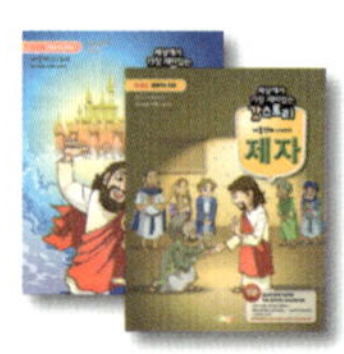

③ 학생용 공과

* 가능한 수준까지 문제풀기

갓스토리 활용가이드

• 본문말씀 / 6컷 만화

성경 이야기를 올바르게 이해하기 위해 성경을 찾아 천천히 읽습니다. 공과의 내용을 뚜렷하게 알려주는 중심구절도 반복해서 읽고 묵상하도록 합니다. 본문 말씀의 핵심이 되는 6컷 만화는 역할을 맡아 읽거나 플래시 애니메이션을 보면 더욱 재미있게 읽을 수 있습니다. 만화 속에서는 말씀 다지기의 답(빨간 글씨)도 찾을 수 있도록 표시되어 있습니다.

• 말씀배우기

읽고 쓰기가 어려운 학생들을 위한 질문입니다. 스티커 붙이기, 알맞은 것에 O표, 틀린 것에 X표 하기, 맞는것 찾아 연결하기, 따라쓰기의 질문으로 구성되어 있어 성경말씀에 쉽게 접근할 수 있습니다. 질문은 수준별로 나뉘어 있어 학생 수준에 따라 학생이 풀 수 있는 질문까지 풀도록 합니다.

• 말씀다지기

읽고 쓰기가 가능한 학생들을 위한 질문입니다. 질문을 읽고 알맞은 답에 O표 하기, 빈칸에 답적기, 장문쓰기로 구성되어 있어 심화된 수준으로 성경말씀에 접근할 수 있습니다. 질문은 수준별로 나뉘어 있어 학생 수준에 따라 풀 수 있는 질문까지 풀도록 하되, 학생의 특성과 능력에 따라 정답을 보고 따라 적거나 말하는 방법으로 풀이방법을 대체하여 학생이 더욱 적극적으로 참여하도록 합니다.

• 활동하기 / 특별활동

미로찾기, 색칠하기, 오리고 붙이고 만들기 등 다양한 활동들로 핵심 내용을 학습하도록 구성하였으며, 학생들의 수준에 따라 활동의 난이도를 교사가 조절하여 학습능력을 최대로 이끌어 줄 수 있도록 구성하였습니다. 또한 4과, 9과, 13과에는 특별활동으로 해당 과의 중심된 내용으로 구성하여 학생들이 핵심 단어나 내용을 마음으로 이해할 수 있도록 오감을 자극하는 만들기로 구성하였습니다.

• 말씀따르기 / 기도하기

학습한 내용을 일상생활에 적용하도록 학생과 약속하는 시간입니다. 말씀 따르기가 예배시간 외의 시간과 장소에서도 이루어질 수 있도록 함께 다짐하고 점검하도록 합니다. 그리고 생활에 적용을 위해 그 날에 배운 공과를 기억하고 하나님 말씀대로 살 수 있도록 기도문을 함께 읽고 기도하며 공과를 마칩니다. 마무리와 함께 학생을 향한 교사의 격려와 응원을 덧붙인다면 최고의 공과가 될 것입니다.

1과 하나님을 기쁘게 한 에녹

소 주 제 : 은혜와 동행
본문말씀 : 창세기 5장 24절(전체 : 창세기 5장 18~24절, 히브리서 11장 5절, 유다서 1장 14절)
중심구절 : 에녹은 하나님과 동행하다가 세상에서 사라졌는데 하나님께서 그를 데려가셨기 때문입니다.

① 에덴동산에서 쫓겨난 아담과 하와의 후손들은 세상에서 살면서 매우 힘들어했어요.
올해도 농사를 망쳤네…
이젠 뭐 먹고 살지… 흑흑

② 사람들은 늘 짜증을 내었고 마음에는 불만이 가득했어요. 그리고 하나님을 잊어버렸어요.
하나님이 진짜 있는 거 맞아?
아~ 살기 힘들다~
하나님이 있으면 이렇게 힘들 리가 없어!

③ 에녹은 항상 하나님을 생각하며 하나님을 가까이하면서 살았어요.
좋으신 하나님, 오늘도 저를 지켜주세요~

④ 에녹은 하나님을 사랑했어요. 그래서 에녹은 무엇을 하든지 하나님께 기도하며 여쭈어 보았어요.
하나님, 오늘은 얼마큼 씨앗을 뿌릴까요?
에녹이 정신 나갔군!
쟤 뭐라는 거야?

⑤ 에녹은 사람들이 비웃고 놀려도 하나님을 찬양했고 하나님께 감사했어요.
하나님, 오늘도 은혜를 주셔서 감사합니다.
하나님이 어디 있다고 저러는거야…
그러게말야…

⑥ 하나님은 에녹을 매우 좋아하셨어요. 그래서 하나님은 에녹이 살아있을 때 하늘로 데려가셨어요.
어..? 에녹이 어디 갔지?
좀 전까지 여기 있었는데…
희한하네…

단어 풀이 후손 여러 대가 지난 뒤의 자손

말씀 배우기

1 하늘로 올라가는 에녹과 사라진 에녹을 찾는 사람들의 모습을 스티커로 붙여보세요.

2 알맞은 것에 O표, 알맞지 않은 것에 X표를 해보세요.

항상 하나님만 생각하며 하나님을 사랑한 사람은

에녹

거짓 선지자들

이었어요.

에녹은 무엇을 하든지 먼저

우상에게

하나님께

기도를 했어요.

하나님을 기쁘게 한 에녹은 죽지 않고

하늘로

산으로

올라갔어요.

말씀 다지기

1 에녹은 항상 누구를 생각했는지 맞는 것에 O표 해보세요.

여자친구

하나님

엄마

2 빈칸에 알맞은 답을 적어 보세요.

1. 아담과 하와가 ☐☐☐☐ 에서 쫓겨난 후로는 살기가 너무 힘들었어요.
2. 불만이 가득해서 짜증이 난 사람들은 ☐☐☐ 을 잊기 시작했어요.
3. ☐☐ 은 아무리 힘들어도 항상 하나님을 생각했어요.
4. 에녹은 무엇을 하든지 먼저 하나님께 ☐☐ 했어요.
5. 하나님을 기쁘게 한 에녹은 죽지 않고 ☐☐ 로 올라갔어요.

정답 1. 에덴동산 2. 하나님 3. 에녹 4. 기도 5. 하늘

3 하나님을 사랑한 에녹이 한 말을 따라 쓰거나 선생님과 함께 읽어보세요.

오늘도 은혜를 주셔서 감사합니다!

활동하기

1 항상 하나님을 생각하며 하나님께 기도하는 에녹을 색칠해 보세요.

말씀 따르기

1. 하나님과 함께 사는 사람은 어떤 사람인지 선생님과 함께 이야기해 보세요.
2. 어떻게 하면 하나님을 기쁘시게 할 수 있는지 말해보세요.

기도하기

나와 함께 하시는 하나님, 저도 에녹처럼 매일 매일 하나님과 함께 살 수 있도록 도와주세요. 예수님의 이름으로 기도합니다. 아멘.

2과 은혜를 발견한 노아

소 주 제 : 은혜와 믿음
본문말씀 : 창세기 6장 8절(전체 : 창세기 6장 1~22절)
중심구절 : 그러나 노아만은 여호와께 은혜를 입었습니다.

① 노아가 태어났을 때에 세상에 사람들이 많아지기 시작했어요.
웅성~ 웅성~
응애~ 응애~

② 예쁜 여자들도 세상에 많아졌지만 그녀들은 하나님을 믿지 않았어요.
오늘 내 옷 어때?
어머~ 예쁘다~
화장도 잘 됐는데~

③ 남자들은 예쁜 여자들을 따라다녔고 마음에 드는 여자들을 아내로 삼았어요.
오호~ 내 스타일이야~
나는 노는 것이 재미있어. 하나님 생각할 시간 없어~

④ 사람들은 항상 나쁜 것을 하면서 하나님을 멀리했기 때문에 하나님은 마음이 아팠어요.
이런... 내 마음이 너무 아프구나...
난 돈이나 뺏어야지! 으흐흐
오늘 밤은 술이나 먹자!

⑤ 그러나 노아는 하나님의 은혜가 무엇인지를 알았어요.
하나님은 나와 항상 함께 계셔... 하나님 감사합니다!

⑥ 하나님은 노아를 매우 좋아하셨고 홍수로 심판하실 때에 노아와 그의 가족만 살려주셨어요.
노아만이 나를 기쁘게 하는구나.
하나님, 감사합니다~

단어 풀이 **은혜** 우리에게 주시는 하나님의 사랑, 사랑으로 베풀어 주는 신세나 혜택

말씀 배우기

1 하나님의 은혜를 알고 감사하는 노아와 나쁜 짓만 하는 사람들을 스티커로 붙여보세요.

2 알맞은 것에 O표, 알맞지 않은 것에 X표를 해보세요.

노아가 태어났을 때 세상에는 (사람들이 / 동물들이) 많아지기 시작했어요

하나님의 은혜를 알고 (사람들은 / 노아는) 감사했어요.

하나님은 노아를 매우 좋아하셨고 (홍수 심판에서 / 에덴동산에서) 노아와 가족을 구해주셨어요.

말씀 다지기

1 하나님을 믿으며 하나님의 은혜를 알고 감사한 사람은 누구인가요?

노아

군인

도둑

2 빈칸에 알맞은 답을 적어 보세요.

1. ☐☐가 태어났을 때에 세상에 사람들이 많아지기 시작했어요.
2. 사람들이 많아졌지만 그들은 ☐☐☐을 믿지 않았어요.
3. 사람들은 항상 나쁜 짓을 하며 하나님을 멀리했기 때문에 하나님은 ☐☐이 아프셨어요.
4. 노아만은 하나님의 ☐☐가 무엇인지 알았어요.
5. 하나님은 노아를 매우 좋아하셨고 ☐☐ ☐☐ 때에 노아와 그의 가족을 구해주셨어요.

정답 1. 노아 2. 하나님 3. 마음 4. 은혜 5. 홍수 심판

3 하나님의 은혜를 발견한 노아의 말을 따라 쓰거나 선생님과 함께 읽어보세요.

하나님! 말씀대로 할게요.

활동하기

1 위의 그림과 다른 것 5가지를 아래 그림에서 찾아서 ○표 해보세요.

말씀 따르기

1. 매일 놀기만 하면 제일 먼저 누가 마음 아파하시나요?
2. 나를 사랑하시는 하나님을 잊지 않으려면 무엇을 해야 하나요?

기도하기

은혜로우신 하나님, 노아처럼 하나님 말씀대로 살아갈게요. 예수님의 이름으로 기도합니다. 아멘.

3과 하나님을 찬양한 레아

소 주 제 : 은혜와 찬양
본문말씀 : 창세기 29장 35절 (전체 : 창세기 29장 9절~30장 24절)
중심구절 : 그녀가 다시 임신해 아들을 낳고 "이번에야말로 내가 여호와를 찬양할 것이다" 하면서 그 이름을 유다라고 지었습니다. 그러고 나서 레아의 출산이 멈추었습니다.

① 야곱에게 두 명의 아내가 있었는데 첫 번째 아내는 레아였고, 두 번째 아내는 라헬이었어요.
야곱의 첫 번째 아내예요. 호호~
전 두 번째 아내구요. 호호~

② 레아는 눈도 나빴고 예쁘지도 않았지만 라헬은 아름다웠고 얼굴도 예뻤어요.
동생이 나보다 더 예뻐...
내가 예쁘긴 하지~ 호호호~

③ 야곱이 레아보다 더 예쁘게 생긴 라헬을 사랑해서 레아는 늘 외로웠어요.
오~ 내 사랑, 라헬~
아잉~ 왜 이래요~ 호호호~
나도 남편의 사랑을 받고 싶어...

④ 하나님은 외로운 레아에게 은혜를 주셔서 아들을 낳게 했어요. 그러나 라헬은 자식을 낳지 못했어요.
레아가 불쌍하니 아들을 낳게 해야겠다.
아들을 낳았으니 이젠 남편이 나를 사랑하겠지...

⑤ 레아는 세 아들을 낳았기 때문에 남편 야곱에게 사랑을 받을 것이라고 생각했지만 야곱은 여전히 라헬을 더 사랑했어요.
내 사랑 라헬~
여보~
여전히 날 사랑하지 않네... 흑흑흑...

⑥ 하나님은 레아에게 네째 아들 유다를 주셨고 레아는 하나님을 찬양했어요. 오랜 시간이 지난 후에 유다의 후손으로 예수님이 태어나셨어요.
나를 사랑하시는 하나님을 찬양합니다. 이 아이의 이름은 '유다'라고 할께요~

단어 풀이 유다 '하나님을 찬양합니다' 라는 뜻

말씀 배우기

1 야곱의 두 아내 레아와 라헬을 스티커로 붙여보세요.

2 외롭던 레아에게 하나님께서 주신 은혜는 무엇인지 선을 연결해보세요.

레아

하나님의 은혜로 아들을 낳았어요.

하나님의 은혜로 친구들이 생겼어요.

말씀 다지기

1 야곱에게는 몇 명의 아내가 있었나요?

1명

2명

3명

2 빈칸에 알맞은 답을 적어 보세요.

1. ☐☐에게는 레아와 라헬이라는 두 명의 아내가 있었어요.
2. 야곱은 못 생긴 ☐☐보다는 예쁜 라헬을 더 사랑했어요.
3. 하나님은 외로운 레아에게 은혜를 주셔서 ☐☐을 낳게 하셨어요.
4. 레아는 세 명의 아들을 낳았지만 야곱은 여전히 ☐☐을 더 사랑했어요.
5. 레아는 네 번째 아들 ☐☐를 낳은 후에 하나님을 찬양했어요.

정답 1. 야곱 2. 레아 3. 아들 4. 라헬 5. 유다

3 유다를 낳은 레아가 했던 말을 따라 쓰거나 선생님과 함께 읽어보세요.

하나님을 찬양합니다!

활동하기

1 내 이름을 쓰고 하트를 따라 그려보세요. 그리고 하나님을 찬양한 레아처럼 큰 소리로 고백해 보세요.

을(를)
사랑하시는 하나님을
찬양합니다.

말씀 따르기

1. 외롭지 않으려면 누구를 먼저 사랑해야 하나요?
2. 하나님을 찬양하면 어떤 일이 생기는지 선생님과 함께 이야기해 보세요.

기도하기

나를 사랑하시는 하나님, 감사합니다. 하나님을 매일매일 찬양할 수 있도록 도와주세요. 예수님의 이름으로 기도합니다. 아멘.

4과 요셉과 함께 하신 하나님

소 주 제 : 은혜와 사랑
본문말씀 : 창세기 39장 21절(전체 : 창세기 39장 1~23절)
중심구절 : 그러나 여호와께서 요셉과 함께하셨고 그에게 자비를 베푸셔서 요셉을 간수의 마음에 들게 하셨습니다.

형님들,
살려 주세요~
흥! 꼴좋다~!
① 요셉은 형들의 미움을 받아 이집트에 노예로 팔려갔어요.

음... 쓸만하겠군...
이 녀석을 사겠소!
잘 선택하셨습니다.
헤헤헤
흑흑흑...
② 이집트 왕의 경호대장인 보디발은 노예시장에서 요셉을 보았고 노예 상인에게서 요셉을 샀어요.

오늘은 창고를
정리 해야겠다...
글쎄 말이야...
왜 저 녀석이
하는 일은
다 잘되지?
③ 요셉은 보디발의 종이 되었어요. 하나님은 요셉이 하는 모든 일을 도와주셨어요.

요셉이 내게
나쁜 짓을 하려고
했어요! 흑흑흑...
뭐? 요셉을
감옥에 가둬라!
어어... 난 잘못한
것이 없는데...
④ 어느 날, 보디발의 아내는 요셉이 자기에게 나쁜 짓을 했다고 거짓말을 했어요. 그래서 요셉은 감옥에 갇히게 되었어요.

나를 사랑하시는
하나님, 저도 하나님을
사랑해요~
⑤ 요셉은 억울하게 감옥에 갇혔지만 언제나 하나님을 사랑했어요.

자네는 믿을만한
사람이야!
하하하!
이 모든 것이
하나님의 은혜입니다.
⑥ 요셉과 함께 하시는 하나님이 모든 일을 잘 되게 해주셔서 간수장이 요셉에게 감옥의 모든 일을 맡겼어요.

단어 풀이 간수장 감옥 책임자

<활동하기!> 하나님의 사랑과 은혜 문고리 만들기

〈 만드는 과정 〉

1. 먼저 절취선을 활동지를 분리하고 그림을 모두 오려주세요.
   요셉과 하트를 오릴 때는 그림에서 3mm정도 바탕을 더해서 오려주세요.
2. 문 손잡이에 걸 수 있도록 문고리판 가운데 원을 오려주세요.
3. 오려놓은 요셉의 몸 뒤로 하트의 글씨가 가려지지 않게 하트의 윗부분을 붙여주고 문고리판 에 붙여주세요.
4. 요셉이 항상 하나님을 사랑하고 하나님의 은혜임을 고백하며 감사했음을 다시 한번 설명해 주시고 방 문고리에 걸어놓고 매일매일 하나님 은혜를 기억하며 감사할 수 있도록 지도해주세요.

* 풀 대신 할핀으로 요셉을 고정하면 양옆으로 움직이는 문고리가 됩니다.
* 원을 오릴 때 어려울 수 있으니 선생님이 도와주시거나 미리 오려 놓아주세요.

말씀 배우기

1 형들의 미움을 받은 요셉이 당한 힘들었던 일들을 스티커로 붙여보세요.

말씀 다지기

2 빈칸에 알맞은 답을 적어 보세요.

1. ☐☐ 은 형들의 미움을 받아서 이집트에 노예로 팔려갔어요.
2. 요셉은 이집트의 경호대장인 ☐☐☐ 의 노예가 되었어요.
3. ☐☐☐ 은 요셉이 하는 모든 일을 도와주셨어요.
4. 요셉은 억울하게 ☐☐ 에 갇혔지만 언제나 하나님을 사랑했어요.
5. 하나님은 요셉과 ☐☐ 하셔서 모든 일이 잘 되게 하셨어요.

정답 1. 요셉 2. 보디발 3. 하나님 4. 감옥 5. 함께

말씀 따르기

1. 요셉이 하는 모든 일을 도와주신 분은 누구인지 말해보세요.
2. 하나님께로부터 받은 도움은 어떤 것이 있는지 말해보세요.

기도하기

하나님 아버지, 모든 것이 하나님의 은혜입니다. 감사합니다. 예수님의 이름으로 기도합니다. 아멘.

5과 억지로 십자가를 진 구레네 시몬

소 주 제 : 은혜와 구원

본문말씀 : 마태복음 27장 32절(전체 : 마태복음 27장 32절, 마가복음 15장 21절, 누가복음 23장 26절, 로마서 16장 13절)

중심구절 : 성 밖으로 나가는 길에 그들은 시몬이라는 구레네 사람과 마주치게 됐습니다. 그들은 그 사람에게 억지로 십자가를 지고 가게 했습니다.

❶ 구레네 마을에 사는 시몬이 예루살렘에서 유월절을 보내려고 준비를 하고 있었어요.
예루살렘으로 가자~!
얘야, 짐꾸려라~
와~ 예루살렘에 간다!
❷ 시몬과 그의 가족이 오랜 여행 끝에 드디어 예루살렘에 도착했어요.
드디어 예루살렘에 도착했다!
빨리 가요~ 궁금해요~
빨리 예루살렘 성전을 보러 가요~
❸ 시몬은 십자가 옆에서 피를 흘리며 쓰러져있던 예수님을 보게 되었어요.
십자가에 못 박아라!
아이고... 불쌍한 사람이네...
❹ 그때, 군인이 구경하던 시몬에게 예수님이 메었던 십자가를 지게 하여 골고다 언덕으로 가게 했어요.
이봐! 이리 와서 대신 십자가를 지고 가라!
싫어요! 나한테 왜 이래요!
❺ 시몬은 어쩔 수 없이 예수님의 십자가를 지고 가게 되었어요. 그리고 시몬은 십자가에 못 박히신 예수님이 하나님의 아들인 것을 믿게 되었어요.
아~ 예수님은 하나님의 아들이시구나...
❻ 시몬의 아들 루포는 바울과 함께 복음을 전했고 시몬의 아내는 바울이 '내 어머니'라고 부를 만큼 믿음이 좋은 그리스도인이 되었어요.
내 남편이 예수님의 십자가를 대신 지고 간 것은 하나님의 은혜에요~
아버지가 자랑스러워요~

단어 풀이 **골고다 언덕** 예수님이 십자가에 못 박히신 곳, 예루살렘 근처의 언덕

말씀 배우기

1 십자가에 달리신 예수님과 예수님이 하나님의 아들임을 고백하는 시몬의 모습을 스티커로 붙여보세요.

2 십자가에 달리신 예수님을 보고 시몬이 고백한 말을 따라 써보세요.

예수님은
하나님의
아들이십니다!

말씀 다지기

1 구레네 사람 시몬이 예루살렘에서 누구를 만났는지 맞는 것에 O표 해보세요.

천사

모세

예수님

2 빈칸에 알맞은 답을 적어 보세요.

1. 구레네 마을에 사는 □□은 예루살렘에서 유월절을 보내려고 했어요.
2. 시몬은 예루살렘에서 길에 쓰러져 있던 □□□을 보게 되었어요.
3. 군인은 시몬에게 예수님의 □□□를 억지로 지게 하여 골고다 언덕까지 가게 했어요.
4. 시몬은 십자가에 못 박히신 예수님이 □□□의 □□인 것을 믿게 되었어요.
5. 시몬의 가족들도 예수님을 믿고 □□□□□이 되었어요.

정답 1. 시몬 2. 예수님 3. 십자가 4. 하나님 아들 5. 그리스도인

3 구레네 사람 시몬이 본 것을 따라 쓰거나 선생님과 함께 읽어보세요.

예수님의 십자가!

활동하기

1 구레네 사람 시몬이 예수님의 십자가를 대신 지고 간 길을 따라 가보세요.

말씀 따르기

1. 나는 언제 예수님을 알게 되었나요?
2. 하기 싫어도 꼭 해야 하는 일들이 무엇이 있는지 이야기해보세요.

기도하기

구원의 하나님, 제가 꼭 해야 할 일들을 불평하지 않고 잘 할 수 있도록 도와주세요. 예수님의 이름으로 기도합니다. 아멘.

6과 보호 받은 룻

소 주 제 : 은혜와 보호
본문말씀 : 룻기 2장 10절(전체 : 룻기 1~4장)
중심구절 : 이 말에 룻은 얼굴을 땅에 대고 엎드려 말했습니다. "내가 이방 사람인데도 어째서 친절을 베풀어 주시고 돌봐 주십니까?"

여기가
베들레헴이군요...
10여년 만에
베들레헴에
돌아왔구나...
① 외국에서 살던 나오미는 남편과 두 아들을 잃어버리고 며느리 룻과 함께 고향 베들레헴으로 돌아왔어요.

오~ 이게 누구야?
나오미 맞지?
그동안
잘 있었지?
② 나오미와 룻이 베들레헴에 왔을 때 동네 사람들은 두 사람을 반갑게 맞이했어요.

먹을 것이
아무것도 없구나...
지금 보리 추수
때이니 밭에 가서
떨어진 보리쌀이라
도 주어 올께요...
③ 나오미가 가진 것이 없어 음식 걱정을 할 때 룻이 밭에 떨어진 보리쌀을 주어 오겠다고 말했어요.

어? 저 여자는
누구지?
어머니에게 맛있는
밥을 만들어 드려야지...
④ 룻은 우연히 시아버지의 친척인 보아스의 밭에서 보리쌀을 줍게 되었어요. 그 때 보아스는 룻을 보며 궁금하게 생각했어요.

저 여자는
누구지?
나오미의 며느리인
룻인데, 정말 착한
여인이에요~
⑤ 보아스는 일꾼에게 룻이 누구인지 물어보았고 룻이 착한 여자라는 말을 듣게 되었어요.

모두 하나님의
은혜입니다.
당신은 정말
착한 여인이오~
⑥ 보아스는 착한 룻에게 마음이 끌려 열심히 도와줬어요. 보아스와 룻은 결혼을 해서 아들을 낳고 행복하게 살았어요.

단어 풀이 추수 가을에 익은 곡식을 모으거나 수확하다

말씀 배우기

1 나무 밑에 서 있는 보아스와 보리쌀을 줍고 있는 룻을 스티커로 붙여보세요.

2 착한 룻에게 마음이 끌려 열심히 도와준 사람은 누구인지 그림을 보고 O표 해보세요.

요셉

보아스

나오미

말씀 다지기

1 나오미가 가진 것이 없어 음식 걱정을 할 때 보리쌀을 주어 온 사람은 누구인지 O표 해보세요.

마리아

레아

룻

2 빈칸에 알맞은 답을 적어 보세요.

1. 나오미에게 [ ] 이라는 며느리가 있었어요.
2. 나오미는 며느리 룻과 함께 [ ][ ][ ][ ] 으로 돌아왔어요.
3. 추수 때에 룻은 떨어진 보리쌀을 주우러 [ ] 에 나갔어요.
4. 룻은 [ ][ ][ ] 라는 사람의 밭에서 보리쌀을 줍게 되었어요.
5. 보아스는 착한 룻과 [ ][ ] 하여 아들을 낳고 행복하게 살았어요.

정답 1. 룻 2. 베들레헴 3. 밭 4. 보아스 5. 결혼

3 자신을 칭찬하는 보아스에게 룻이 한 말을 따라 쓰거나 선생님과 함께 읽어보세요.

모두 하나님의 은혜입니다.

활동하기

1 세 가지 숫자에 이어진 줄을 따라가 룻의 이야기가 맞으면 ○표 틀리면 X표를 해보세요.

룻은

혼자서
고향으로 돌아옴.

먹을 것이 없어
보리쌀을 주우러 나옴.

보아스와 결혼하여
행복하게 됨.

말씀 따르기

1. 나는 어떤 착한 일을 했는지 선생님과 함께 이야기를 나누어 보세요.
2. 사람들에게 무슨 칭찬을 받아 봤나요?

기도하기

선하신 하나님, 제가 항상 착한 일을 할 수 있도록 도와주세요. 예수님의 이름으로 기도합니다. 아멘.

7과 남을 먼저 보살핀 에바브로디도

소 주 제 : 은혜와 헌신

본문말씀 : 빌립보서 2장 25절(전체 : 빌립보서 2장 25~30절, 4장 18절)

중심구절 : 그러나 나는 내 형제이며 동역자이며 함께 군사 된 사람이며 또한 여러분의 사도이며 내 필요를 섬기는 사람인 에바브로디도를 여러분에게 돌려보내는 것이 필요하다고 생각했습니다.

① 빌립보 교회에 복음을 전하고 어려운 사람들을 도와주는 에바브로디도라는 착한 집사가 있었어요.
예수님 믿으세요~

② 어느 날, 빌립보 교회는 바울이 복음을 전하다가 감옥에 갇혔다는 소식을 들었어요.
바울이 로마 감옥에 갇혔다는군요...
이를 어쩌지...

③ 빌립보 교회는 바울에게 필요한 물품을 전달하려고 에바브로디도를 로마에 보내기로 했어요.
이 물품들을 바울에게 잘 전해주세요~
네, 걱정하지 마세요~

④ 로마에 도착한 에바브로디도는 감옥에 갇힌 바울을 잘 돌보았고 바울은 그를 친형제처럼 생각했어요.
고맙네. 자네는 내 친형제나 마찬가지야~
네, 바울 형님~ 하하하~

⑤ 그런데 에바브로디도가 병들어 죽게 되었어요. 하지만 그는 자신의 병 때문에 슬퍼하는 교인들을 더 걱정했어요.
교인들이 나 때문에 걱정하면 안 되는데...

⑥ 에바브로디도는 항상 자신보다 다른 사람들의 어려움을 먼저 생각하는 참 좋은 사람이었어요.
에바브로디도는 참 좋은 사람이야!
암, 그렇고 말고~ 남을 돕는 사람이지...

단어 풀이 **동역자** 하나님의 일을 함께 하는 사람

말씀 배우기

1 복음을 전하고 어려운 사람들을 도와주는 에바브로디도가 칭찬받는 모습을 스티커로 붙여보세요.

2 내용이 맞은 것에 O표, 알맞지 않은 것에 X표를 해보세요.

빌립보 교회에 복음을 전하고 사람들을 도와 준 사람은

에바브로디도에요.

요셉이에요.

착한 에바브로디도를 친형제 처럼 생각한 사람은

에녹이에요.

바울이에요.

에바브로디도가 항상 먼저 생각한 것은

교인들이었어요.

자기 자신이었어요.

말씀 다지기

1 에바브로디도가 로마에 가서 도와준 사람은 누구인지 O표 해보세요.

바울

모세

베드로

2 빈칸에 알맞은 답을 적어 보세요.

1. 빌립보 교회에 에바브로디도라는 ☐☐ 집사님이 있었어요.
2. 빌립보 교회는 복음을 전하다 감옥에 갇힌 ☐☐ 에게 필요한 물품을 전하기로 했어요.
3. 에바브로디도는 감옥에 갇힌 바울을 만나러 ☐☐ 로 갔어요.
4. 바울은 자신을 정성껏 돌봐준 에바브로디도를 자신의 ☐☐☐ 처럼 생각했어요.
5. 에바브로디도는 항상 자신보다 ☐☐ 들의 어려움을 먼저 생각했어요.

정답 1. 착한 2. 바울 3. 로마 4. 친형제 5. 교인

3 사람들이 에바브로디도를 어떤 사람이라 말했는지 따라 쓰거나 선생님과 함께 읽어보세요.

은혜의 사람! 참 좋은 사람!

활동하기

1 복음을 전하다 감옥에 갇힌 바울을 도와준 에바브로디도를 색칠해 보세요.

말씀 따르기

1. 누군가를 정성껏 돌보아 준 적이 있나요?
2. 나는 어떻게 사람들을 도와줄 수 있을지 선생님과 함께 이야기해 보세요.

기도하기

도움을 주시는 하나님, 저도 예수님처럼 이웃을 사랑하게 해주세요. 예수님의 이름으로 기도합니다. 아멘.

8과

왕궁에서 살게 된 므비보셋

소 주 제 : 은혜와 약속

본문말씀 : 사무엘하 9장 7절 (전체 : 사무엘하 9장 1-13절)

중심구절 : 다윗이 그에게 말했습니다. "두려워하지 마라. 내가 네 아버지 요나단을 생각해 네게 은총을 베풀고 네 할아버지 사울에게 속했던 모든 땅을 네게 돌려줄 것이다. 그리고 너는 항상 내 식탁에서 먹게 될 것이다."

❶ 무서운 거인 골리앗을 다윗이 죽이고 이겼어요. 요나단 왕자는 다윗을 가장 사랑하는 친구로 삼았어요.
다윗, 너는 하나님의 사람이야~
왕자님, 감사합니다! 하하하~

❷ 어느 날, 요나단 왕자는 아버지 사울 왕과 함께 적과 싸우다가 전쟁터에서 죽게 되었어요.
와~ 이겼다~!!
아~ 내 아들 므비보셋...

❸ 요나단 왕자의 아들인 므비보셋을 돌보던 유모가 급하게 도망치다가 아이를 떨어뜨렸어요.
아이쿠~ 이를 어째!!
응애~ 응애~

❹ 므비보셋은 걸을 수 없는 장애인이 되었고 므비보셋은 매우 어렵게 살았어요.
아... 배고프다..

❺ 이스라엘의 왕이 된 다윗은 요나단의 아들 므비보셋이 살아있다는 소식을 듣고 신하에게 므비보셋을 왕궁으로 데려오라고 말했어요.
내 친구 요나단의 아들 므비보셋을 찾아 당장 데려오너라!
네, 폐하!

❻ 다윗 왕은 친구 요나단을 생각하며 장애인이 된 므비보셋을 자신의 가족처럼 돌봐주었어요. 하나님이 다윗을 통해 므비보셋에게 은혜를 베푸셨어요.
요나단의 아들은 내 가족이나 마찬가지다~ 하하하~
죽은 개와 같은 저에게 은혜를 베풀어 주시니 정말 감사합니다.

단어 풀이 **유모** 갓난아기에게 그 어머니를 대신하여 젖을 먹여 길러 주는 여자

말씀 배우기

1 다윗 왕과 므비보셋이 서로 만나서 기뻐하는 모습을 스티커로 붙여보세요.

2 다윗을 통해 하나님께서 주신 은혜를 받은 사람은 누구인지 그림을 보고 O표 해보세요.

므비보셋

골리앗

유모

말씀 다지기

1 다윗을 자신의 생명처럼 사랑한 친구는 누구인가요?

세례요한

요나단

엘리야

2 빈칸에 알맞은 답을 적어 보세요.

1. 이스라엘 군대가 무서워 떨고 있을 때에 □□ 은 거인 골리앗을 죽였어요.
2. □□□ 은 하나님의 사람 다윗을 자신의 친구로 삼았어요.
3. 요나단은 □□□ 에서 적군와 싸우다가 죽게 되었어요.
4. 요나단에게는 □□□□ 이라는 아들이 있었는데 장애인이었어요.
5. 다윗은 요나단을 생각하며 장애인이 된 므비보셋을 □□ 처럼 돌봐주었어요.

정답 1. 다윗 2. 요나단 3. 전쟁터 4. 므비보셋 5. 가족

3 므비보셋이 다윗에게 한 말을 따라 쓰거나 선생님과 함께 읽어보세요.

저에게 은혜를 베풀어 주셔서 감사합니다.

활동하기

1 다윗과 요나단의 약속의 손을 점선 따라 그리고 색칠해서 완성해보세요.

말씀 따르기

1. 나의 가장 친한 친구는 누구인지 이야기 해 보세요.
2. 도움이 필요한 친구가 있다면 어떻게 해야 할지 선생님과 함께 이야기해보세요.

기도하기

하나님 아버지, 저도 도움이 필요한 친구들을 잘 도와줄 수 있도록 도와주세요. 예수님의 이름으로 기도합니다. 아멘.

9과 용서받은 아론

소 주 제 : 은혜와 용서
본문말씀 : 출애굽기 40장 13절 (전체 : 출애굽기 28장 1~3절, 32장 1~35절, 40장 12~15절)
중심구절 : 그러고 나서 아론에게 거룩한 옷을 입히고 기름을 부어 거룩하게 해 제사장으로 나를 섬기게 하여라.

❶ 모세에게는 형 아론이 있었어요. 하나님은 말을 잘 못하는 모세를 위하여 형 아론을 보내 주셨어요.
내가 말을 잘 못해서 형 아론이 날 도와줍니다.
내가 모세의 형 아론입니다. 하하하~

❷ 모세와 아론은 이스라엘 사람들을 이집트에서 이끌어 내기로 했어요.
형, 이스라엘 백성들을 구출하러 갑시다!
우리는 하나님의 일꾼들!

❸ 모세와 아론은 하나님의 도우심으로 이스라엘 사람들을 이집트에서 이끌어 내었어요.
하나님이 도와 주셨어!
맞아! 하나님이 없었으면 우린 모두 죽었을 거야!

❹ 모세가 하나님을 만나러 시내 산에 갔을 때 이스라엘 사람들은 마음이 불안해서 아론에게 부탁하여 우상을 만들었어요.
모세가 나타나지 않으니 우리를 지켜줄 우상을 만들어 주시오!
어쩔수 없군... 금을 모아 우상을 만듭시다!

❺ 아론과 이스라엘 사람들은 금송아지 우상을 만드는 죄를 지었어요. 그래서 하나님은 이스라엘 사람들에게 무서운 벌을 주었어요.
악~ 살려주세요~! 우상을 섬기지 말걸...
지금 뭐하는 겁니까?
하나님, 용서해 주세요!

❻ 하나님은 아론이 큰 죄를 지었지만 용서해 주셨고 그를 거룩한 제사장으로 세워주셨어요.
하나님께서 형을 용서하셨어요.
하나님, 감사합니다~!

단어 풀이 **제사장** 예배 인도자

<활동하기!> 오직 하나님 한 분만 섬겨요!

금송아지를 만드는 죄를 지었던 아론을 용서해주신 하나님의 은혜를 생각하며 나의 잘못을 고백하고 하나님만을 따르겠다고 고백하는 활동입니다.

〈 만드는 과정 〉

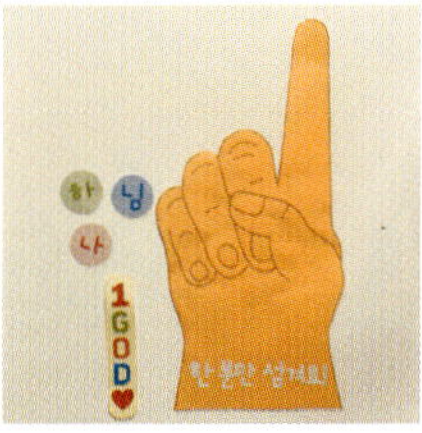

1. 책에서 활동지를 분리하고 그림들을 모두 오려줍니다.

2. 오려놓은 단어들을 손에 붙여줍니다.

3. '한 분만 섬겨요!'라는 글을 따라 씁니다.

4. 마지막으로 완성한 손을 들고 "하나님 한 분만 섬겨요!" 라고 큰소리로 함께 고백한 후 기도하고 마무리 하시면 됩니다.

* 종이가 두꺼워서 풀로 잘 붙지 않을 경우 양면테이프를 사용하시면 좋을듯 합니다.

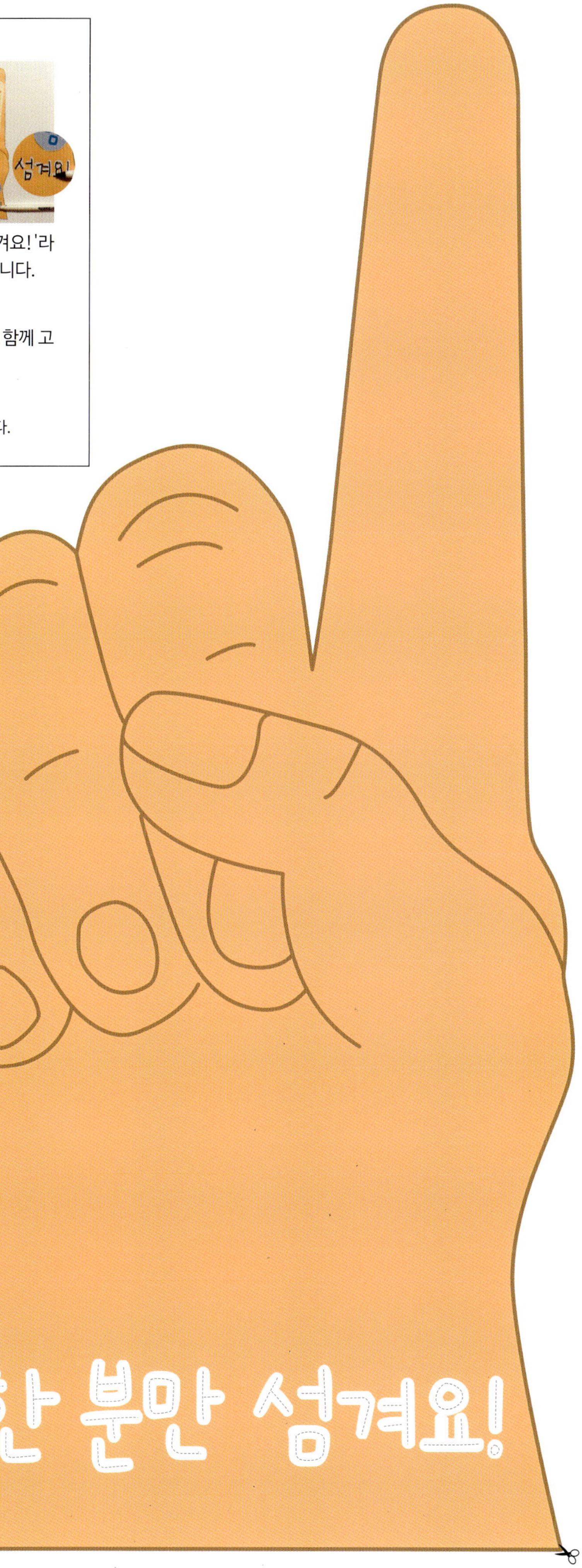

말씀 배우기

1 **이스라엘 사람들을 이집트에서 구출하러 가는 모세와 아론을 스티커로 붙여보세요.**

말씀 다지기

1 **빈칸에 알맞은 답을 적어 보세요.**

1. 하나님은 말을 잘 못하는 모세를 위하여 형 ☐☐을 보내 주셨어요.
2. 모세와 아론은 ☐☐☐☐ ☐☐을 구하러 이집트로 갔어요.
3. 모세와 아론은 하나님의 ☐☐으로 이스라엘 백성들을 이집트에서 구출했어요.
4. 아론과 이스라엘 백성은 우상을 만드는 ☐를 지었어요.
5. 하나님은 아론의 죄를 ☐☐하시고 거룩한 제사장으로 세워주셨어요.

정답 1. 아론 2. 이스라엘 백성 3. 도움 4. 죄 5. 용서

말씀 따르기

1. 나의 부족한 점을 하나님께서는 어떻게 도와주셨나요?
2. 잘못했을 때에는 어떻게 해야 하는지 선생님과 함께 이야기를 나누어요.

기도하기

용서하시는 하나님, 저의 잘못을 용서해 주세요. 예수님의 이름으로 기도합니다. 아멘.

10과 끝까지 예수님을 따른 요안나

소 주 제 : 은혜와 섬김
본문말씀 : 누가복음 8장 3절 (전체 : 누가복음 8장 2~3절, 24장 10절)
중심구절 : 헤롯의 청지기인 구사의 아내 요안나 또 수산나와 그 밖의 많은 여인들이었습니다. 이들은 자신들의 재산으로 예수의 일행을 섬겼습니다.

❶ 예수님이 계셨을 때 구사와 요안나 부부가 살고 있었어요. 구사는 부자였고, 요안나는 믿음이 좋았어요.
나는 헤롯 왕의 청지기이지~
난 구사의 아내에요~

❷ 예수님을 잘 섬겼던 요안나가 어느 날 병에 걸려 죽게 되었어요.
아… 너무 아파요…
어떡하지…

❸ 예수님은 착한 요안나를 찾아가서 병을 깨끗하게 고쳐 주셨어요.
요안나야, 네 죄가 용서받았다.
예수님, 감사합니다!

❹ 요안나는 건강을 회복하자 온 마음을 다하여 예수님을 섬겼어요.
저 마을로 복음을 전하러 가자!
제가 필요한 음식과 옷을 준비할게요~

❺ 요안나는 예수님이 십자가에 못 박히실 때도 곁을 떠나지 않았어요.
오~ 주님…

❻ 요안나는 예수님이 죽었다가 다시 살아나신 것을 보고 훌륭한 전도자가 되었어요.
할렐루야!
예수님이 부활하셨어요!
이 사실을 빨리 제자들에게 전하러 가요!

단어 풀이 섬김 공경하여 받들어 모시다

1 병 고침을 받은 요안나가 예수님과 함께 복음을 전하러 가는 모습을 스티커로 붙여보세요.

2 예수님과 함께 복음을 전하러 갈 때 요안나가 한 말을 찾아 연결해 보세요.

요안나

예수님 혼자가세요!

제가 필요한 음식과 옷을 준비할께요!

말씀 다지기

1 부자였던 구사의 아내의 이름은 무엇인지 O표 해보세요.

2 빈칸에 알맞은 답을 적어 보세요.

1. 예수님이 계셨을 때, 구사와 ☐☐☐ 부부가 살고 있었어요.
2. 구사는 부자였고 요안나는 ☐☐ 이 좋았어요.
3. 믿음이 좋은 요안나가 병에 걸려 죽게 되자 ☐☐☐ 은 그녀의 병을 고쳐주셨어요.
4. 요안나는 예수님이 ☐☐☐ 에 못 박혔을 때에도 곁을 떠나지 않았어요.
5. 요안나는 ☐☐ 하신 예수님을 만나게 되었어요.

정답 1. 요안나 2. 믿음 3. 예수님 4. 십자가 5. 부활

3 요안나가 누구를 만났는지 말씀을 따라 쓰거나 선생님과 함께 읽어보세요.

부활하신 예수님!

활동하기

1 **왼쪽과 오른쪽이 서로 같은 그림을 찾아 선을 그어 연결해 보세요.**

말씀 따르기

1. 몸이 아플 때에 먼저 누구에게 기도를 해야 하나요?
2. 예수님을 잘 섬기는 사람은 어떤 사람인지 선생님과 함께 이야기 해봐요.

기도하기

하나님, 저에게 예수님을 잘 섬기는 믿음을 주세요. 예수님의 이름으로 기도합니다. 아멘.

11과 바리새인과 세리의 기도

소 주 제 : 은혜와 올바름
본문말씀 : 누가복음 18장 13절 (전체 : 누가복음 18장 9~14절)
중심구절 : 그러나 세리는 멀찍이 서서 하늘을 쳐다 볼 엄두도 내지 못하고는 가슴을 치며 말했다. '하나님, 이 죄인에게 자비를 베풀어 주십시오.'

① 예수님은 잘난 척하며 사람을 무시하는 못된 사람들에게 말씀하셨어요.
내가 하는 말을 잘 들어 보거라~
칫! 또 무슨 말을 하려고...
② 어느 날 존경받는 바리새인과 미움받는 세리가 함께 기도하러 교회에 가고 있었어요.
오~ 성경을 잘 아는 바리새인이다~
앗! 저기 세리도 온다!
나쁜 세리 같으니... 쯧쯧
③ 바리새인은 세리로부터 멀리 떨어져서 잘난 척하며 기도했어요.
하나님, 나는 정직하고 거짓말도 하지 않고 금식기도도 잘하고 십일조도 바칩니다. 저 더러운 세리처럼 살지 않았어요!
④ 그러나 세리는 하늘을 쳐다보지도 못하고 가슴을 치고 울면서 용서해 달라고 기도했어요.
하나님, 저는 잘못한 게 너무 많아요. 저를 불쌍히 여겨 주세요~ 흑흑흑...
⑤ 예수님은 하나님이 좋아하는 사람이 바리새인이 아니라 세리라고 말씀하셨어요.
하나님은 잘난척하는 사람이 아닌 잘못을 깨닫는 사람을 좋아하신단다...
흥!
아~ 네~
⑥ 하나님이 좋아하시는 사람은 다른 사람을 무시하지 않고 자신의 잘못을 회개하는 사람이에요.
아~ 다른 사람을 무시하면 안 되는구나..
이제는 안그럴께요..

단어 풀이 **세리** 세금을 매기고 거두어들이는 업무를 담당하는 관리

말씀 배우기

1 기도하는 바리새인과 세리의 모습을 스티커로 붙여보세요.

2 하나님이 좋아하는 사람은 어떤 사람인지 따라 써 보세요.

자신의
잘못을
회개하는 사람

말씀 다지기

1 하나님이 좋아하는 사람은 어떤 사람인지 맞는것에 O표 해보세요.

공부만 하는 사람

잘못을 회개하는 사람

싸움만 하는 사람

2 빈칸에 알맞은 답을 적어 보세요.

1. 예수님은 잘난 척하며 사람을 무시하는 못된 사람들에게 □□ 하셨어요.
2. 바리세인과 세리가 □□ 하러 교회에 갔어요.
3. 바리새인은 □□ □ 하면서 기도하기 시작했어요.
4. 그러나 세리는 울면서 자신의 잘못을 □□ 해 달라고 기도했어요.
5. 하나님이 좋아하시는 사람은 자신의 잘못을 □□ 하는 사람이에요.

정답 1. 말씀 2. 기도 3. 잘난 척 4. 용서 5. 회개

3 세리가 했던 기도를 따라 쓰거나 선생님과 함께 읽어보세요.

하나님, 이 죄인을 불쌍히 여겨 주세요.

활동하기

1 잘못을 회개한 세리처럼 기도카드에 내가 잘못한 것을 적고 하나님께 용서해 달라고 함께 기도해요.

말씀 따르기

1. 나의 잘못을 용서해 달라고 하나님께 기도해요.
2. 예수님은 왜 세리의 기도를 칭찬하셨는지 선생님과 함께 이야기 해봐요.

기도하기

용서하시는 하나님, 저는 잘못한 것이 많아요. 저를 불쌍히 여겨 주시고 용서해주세요. 예수님의 이름으로 기도합니다. 아멘.

12과 바울이 신뢰한 여인 뵈뵈

소 주 제 : 은혜와 변화
본문말씀 : 로마서 16장 1절 (전체 : 로마서 16장 1~2절)
중심구절 : 나는 겐그레아 교회의 일꾼이요, 우리의 자매인 뵈뵈를 여러분에게 추천합니다.

① 겐그레아에 살고 있는 사람들은 예수님을 모른 채 우상을 섬기고 있었어요.
이곳 사람들은 예수님을 모르는구나...
흥얼~ 흥얼~

② 바울은 겐그레아 사람들에게 복음을 전하려고 작은 교회를 세웠어요.
예수님 믿으세요!

③ 하지만 바울은 선교여행을 다시 떠나야 했고 겐그레아 교회를 책임질 일꾼이 필요했어요.
난 선교여행을 떠나야 하는데, 교회를 누구에게 맡기지...

④ 바울은 뵈뵈라는 여자 집사님을 생각했어요. 뵈뵈는 우상을 섬기던 사람이었는데 바울이 복음을 전하자 예수님을 믿게 되었어요.
그래! 뵈뵈 집사님이라면 교회를 잘 보살필 수 있을 거야!

⑤ 바울은 뵈뵈가 훌륭한 그리스도인이라고 칭찬하며 겐그레아 교회를 뵈뵈에게 맡기겠다고 로마교회에 편지를 보냈어요.
뵈뵈는 나를 도와준 어머니와 같은 사람이에요. 교회도 잘 보살필 거예요.

⑥ 뵈뵈는 예수님을 믿은 후에 겐그레아 교회를 열심히 섬긴 훌륭한 일꾼이 되었어요.
뵈뵈 집사님은 좋은 일꾼이야!
예수님을 믿고 구원 받으세요~
암, 그렇고말고....

단어 풀이 **일꾼** 일을 능숙하고 솜씨 있게 잘 처리하는 사람.

말씀 배우기

1 편지를 쓰는 바울과 전도하는 뵈뵈를 스티커로 붙여주세요.

2 내용이 맞은 것에 O표, 알맞지 않은 것에 X표를 해보세요.

겐그리아 사람들은

우상을 섬겼어요

예수님을 믿었어요

뵈뵈는 바울이 전한 복음을 듣고

바울을 믿었어요

예수님을 믿었어요

바울이 훌륭한 일꾼이라고 칭찬한 사람은

뵈뵈예요

모세예요

말씀 다지기

1 **예수님을 모르는 겐그리아 사람들은 무엇을 믿고 섬겼는지 O표 해보세요.**

교회

예수님

우상

2 **빈칸에 알맞은 답을 적어 보세요.**

1. 겐그리아 사람들은 예수님을 몰라서 ☐☐ 을 섬기고 있었어요.
2. 바울은 겐그레아 사람들에게 ☐☐ 을 전하려고 작은 교회를 세웠어요.
3. ☐☐ 라는 여인은 바울이 전한 복음을 듣고 예수님을 믿게 되었어요.
4. 바울은 선교여행을 떠나기 전에 겐그레아 ☐☐ 를 책임질 수 있는 일꾼을 찾았어요.
5. 바울은 뵈뵈가 훌륭한 ☐☐ 이라고 로마교회에 편지를 보냈어요.

정답 1. 우상 2. 복음 3. 뵈뵈 4. 교회 5. 일꾼

3 **예수님을 잘 믿으면 무엇을 잘 섬겨야 하는지 글을 따라 쓰거나 선생님과 함께 읽어보세요.**

교회를 열심히 섬겨요!

활동하기

1 사람들에게 하나님의 말씀을 전하는 뵈뵈를 색칠해 보세요.

말씀 따르기

1. 나에게 처음으로 하나님 말씀을 전해준 사람은 누구인가요?
2. 어떻게 하면 교회를 잘 섬길 수 있는지를 선생님과 함께 이야기 해보세요.

기도하기

하나님, 제가 교회를 잘 섬길 수 있도록 저를 변화시켜주세요. 예수님의 이름으로 기도합니다. 아멘.

13과 기도로 아들을 얻은 한나

소 주 제 : 은혜와 기도

본문말씀 : 사무엘상 2장 2절 (전체 : 사무엘상 1장 1~28절, 2장 1~10절)

중심구절 : 여호와처럼 거룩하신 분은 없습니다. 주 외에 다른 분은 없습니다. 우리 하나님 같은 반석은 없습니다.

❶ 이스라엘에 엘가나라는 사람이 있었어요. 그에게는 한나와 브닌나라는 두 아내가 있었어요.
제 아내 한나와 브닌나에요~
❷ 브닌나는 자녀들이 있었지만 한나는 자녀가 없었어요. 그래서 한나는 마음이 슬펐어요.
호호호~
왜 나에게는 자녀가 생기지 않지... 흑흑흑
❸ 어느 날, 엘가나와 가족들은 하나님께 예배를 드리기 위해 교회에 갔어요. 그런데 그곳에서 브닌나는 아들이 없는 한나를 무시했어요.
흥! 아들도 못 낳는 주제에...
아... 너무 속상해...
❹ 마음이 아픈 한나는 하나님께 울면서 간절하게 기도했어요.
하나님 제게 아들을 주세요. 흑흑흑...
❺ 하나님은 한나의 눈물의 기도를 들으시고 사무엘이라는 아들을 주셨어요.
나에게도 아들이 생기다니! 하나님의 은혜에요!
아이의 이름을 사무엘이라 합시다. 하하하~
❻ 한나는 기도를 들어주신 하나님을 찬양했어요.
하나님과 같은 반석은 없습니다. 할렐루야~

단어 풀이 **반석** 어떠한 것을 지탱해 주는 견고하고 든든한 기본 바탕을 비유적으로 이르는 말. / 흔들림 없는 신앙을 비유

말씀 배우기

1 마음이 아파 우는 한나의 모습과 자녀를 안고 감사하는 한나의 모습을 스티커로 붙여보세요.

2 자녀가 없어 마음이 아픈 한나가 한 일을 찾아 연결해 보세요.

한나

맨날 울기만 했어요.

하나님께 간절히 기도했어요.

말씀 다지기

1 하나님께 울면서 간절히 기도한 사무엘 어머니는 누구인지 맞는 것에 O표 해보세요.

한나

나오미

브닌나

2 빈칸에 알맞은 답을 적어 보세요.

1. 엘가나에게는 □□ 와 브닌나라는 두 아내가 있었어요.
2. 브닌나에게는 자녀들이 있었으나 한나에게는 □□ 가 없었어요.
3. 자녀가 없는 한나는 하나님께 울면서 간절히 □□ 했어요.
4. 하나님은 한나의 기도를 들으시고 □□□ 이라는 아들을 주셨어요.
5. 한나는 기도를 들어주신 하나님을 □□ 했어요.

정답 1. 한나 2. 자녀 3. 기도 4. 사무엘 5. 찬양

말씀 따르기

1. 마음이 슬플 때에는 한나처럼 무엇을 해야 하나요?
2. 선생님과 함께 하나님께 기도하는 시간을 가져보아요.

기도하기

기도에 응답하시는 하나님, 감사합니다. 하나님의 이름을 찬양합니다. 예수님의 이름으로 기도합니다. 아멘.

<활동하기!> 한나의 기도 손 만들기

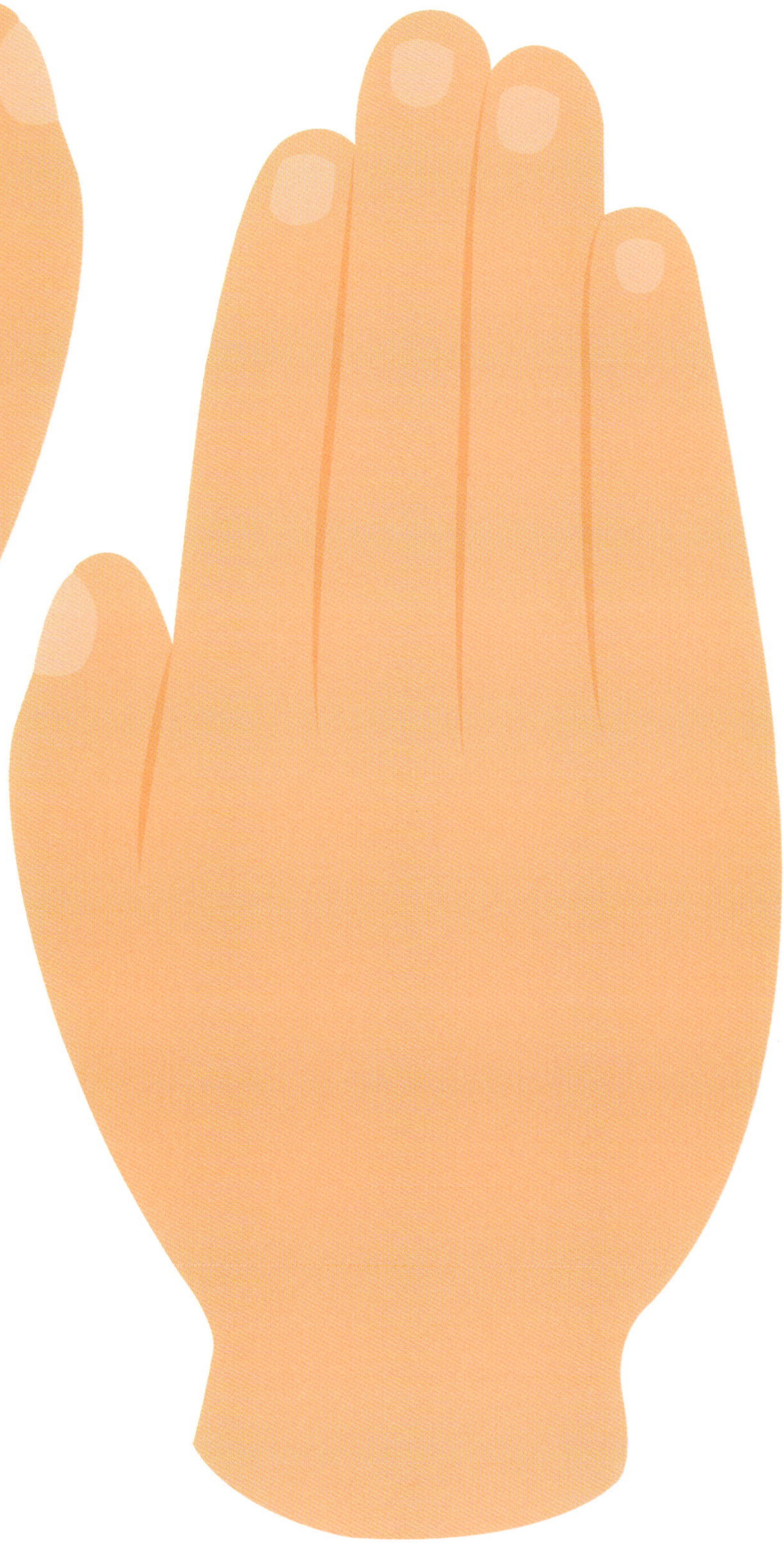

〈 만드는 과정 〉

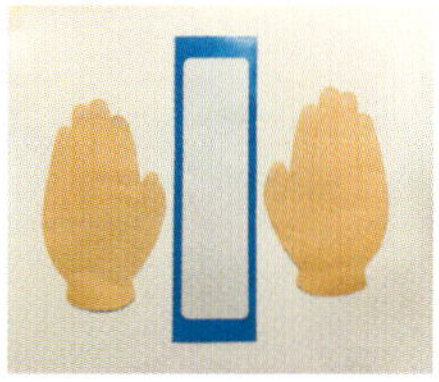

1. 책에서 활동지를 분리하고 양쪽 기도손과 색띠를 선택하여 오려줍니다.

2. 오려 놓은 색띠에 기도 제목을 적습니다.

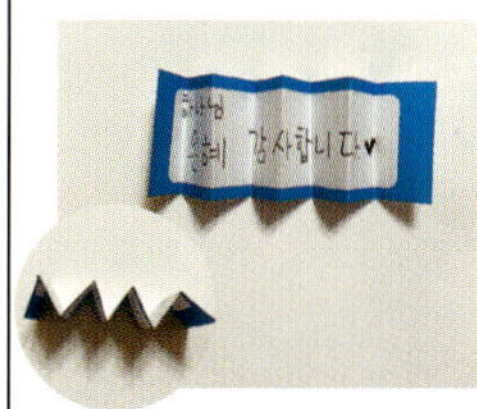

3. 기도 제목이 적힌 색띠를 대략 3~5cm 간격으로 앞뒤로 접어줍니다.

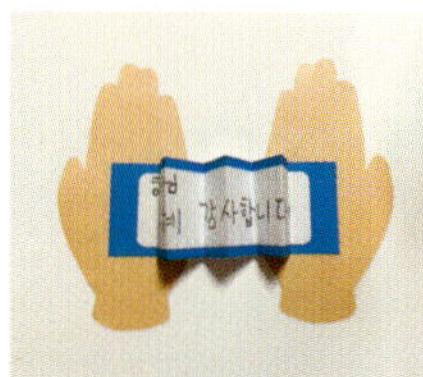

4. 양쪽 면을 오려놓은 기도손의 양끝 면과 붙여줍니다.

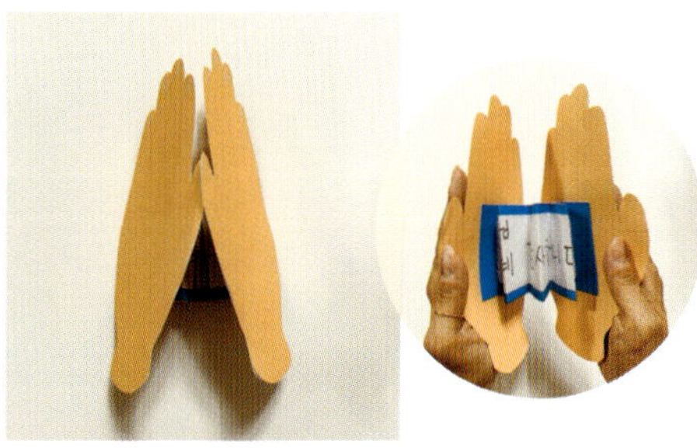

5. 기도손이 접히면 기도하는 손 모양을, 피면 기도할 제목을 확인할 수 있습니다.

* 종이가 두꺼워서 풀이 붙지 않을 경우 양면테이프 또는 스카치 테이프를 사용해 주세요.
* 색 띠는 두가지 색상 중 하나만 선택하시면 됩니다.
* 하나님께 기도하는 생활이 매일매일 이어져야 함을 가르쳐주시고 기도손을 책상 위에 놓고 매일매일 펼쳐보며 기도 할 수 있도록 지도해주세요.
  그리고 하나님은 우리의 기도를 들으시고 응답하시는 분이심도 알려주세요.

세상에서 가장 재미있는 갓스토리

열한 번째 이야기

은혜

STICKER 1

생명으로 이끄시는 하나님의 은혜 이야기!

5p

9p

13p

19p

21p

25p

29p

33p

39p

41p

45p

49p

53p

세상에서 가장 재미있는 갓스토리

열한 번째 이야기

은혜

STICKER 2

생명으로 이끄시는
하나님의 은혜 이야기!

5p

9p

13p

19p

21p

25p

29p

33p

39p

41p

45p

49p

53p